PAIDEIA
ÉDUCATION

MIXTE
Papier issu de sources responsables
Paper from responsible sources
FSC® C105338

JOSEPH CONRAD

Au cœur des ténèbres

Analyse littéraire

© Paideia éducation.

22 rue Gabrielle Josserand - 93500 Pantin.

ISBN 978-2-75930-464-6

Dépôt légal : Septembre 2023

Impression Books on Demand GmbH

In de Tarpen 42

22848 Norderstedt, Allemagne

SOMMAIRE

- Biographie de Joseph Conrad.................................... 9

- Présentation du roman *Au coeur des ténèbres*.......... 13

- Résumé du roman... 17

- Les raisons du succès.. 23

- Les thèmes principaux... 27

- Étude du mouvement littéraire.................................. 35

- Dans la même collection.. 39

BIOGRAPHIE DE
JOSEPH CONRAD

Joseph Conrad, de son vrai nom Teodor Józef Konrad Korzeniowski herb. Nałęcz, est né en décembre 1857, à Berditchev en Ukraine. Issu d'une famille noble polonaise, son père, Apollo Korzeniowski, s'engage dans la résistance polonaise et est condamné à l'exil en octobre 1861 ; dans le nord de la Russie, tout d'abord, puis en Ukraine. Sa famille le suit, mais la mère du jeune Conrad, souffrant de tuberculose, décède en 1865. Le père est également malade. Il est autorisé à rentrer d'exil en 1868, mais meurt un an après, laissant son fils orphelin à l'âge de onze ans.

Conrad est alors confié à son oncle maternel : Tadeusz Bobrowski. Les deux hommes demeurent très proches, comme en témoigne leur importante correspondance, jusqu'à la mort de ce dernier en 1894.

En 1874, Conrad, attiré par la marine, s'engage sur un voilier à Marseille pour une durée de quatre ans. Il rejoint ensuite la marine marchande britannique, où il restera près de seize ans. Il obtient son brevet de capitaine en 1886, et prend, la même année, la nationalité britannique sous le nom de Joseph Conrad.

Polyglotte (Conrad maîtrise parfaitement le polonais, le français, l'allemand et l'anglais), il se tourne cependant vers la langue de son pays d'adoption pour écrire. En 1890, il effectue un voyage au Congo. À son retour, il commence à rédiger plusieurs textes. Le premier paraîtra en 1895 : il s'agit de *La Folie d'Almayer*.

Dès lors, l'écrivain n'aura de cesse de publier une œuvre foisonnante : *Un paria des îles* (1896), *Le Nègre du Narcisse* (1897), *Au cœur des ténèbres* (1899), *Lord Jim* (1900), *Les Héritiers* (1901) ou encore *Nostromo* (1904). Mais ce n'est qu'à partir de 1913, avec Fortune, que Conrad connaît le succès, bien qu'il ait toujours été remarqué du public lettré. Il sera d'ailleurs introduit dans les milieux littéraires français par Gide, qui a entrepris la traduction de *Typhon* (1903).

Souvent considéré comme un écrivain de « romans de mer », Conrad est, en réalité, fortement inspiré par les récits de voyage et d'aventure qui paraissent à la fin du XIXe siècle en Angleterre. Il voue, par ailleurs, une admiration aux récits réalistes. L'alliance de ces deux genres sera, chez l'auteur, une clé d'interprétation et d'analyse de son esthétique.

S'adonnant toujours, et de plus en plus, à l'écriture, Conrad continue de publier des œuvres : des romans, bien sûr, mais aussi des recueils de nouvelles, des textes ainsi que des mémoires.

Ses derniers textes (*L'Attente*, *Carnets du Congo* et *Derniers contes*) seront publiés en 1925, après la mort de l'écrivain en août 1924. Bien qu'ayant connu une gloire tardive de son vivant, Conrad est aujourd'hui considéré comme un des écrivains britanniques les plus importants de sa génération.

PRÉSENTATION DU ROMAN AU COEUR DES TÉNÈBRES

Joseph Conrad écrit *Au cœur des Ténèbres* à la toute fin du XIXe siècle, après avoir lui-même effectué un voyage au Congo en 1890.

Ce roman, publié dans la revue *Magazine* de mars et avril 1899, était trop long pour ne paraître qu'en une seule fois, d'où la découpe du texte en trois parties, tel qu'on le connaît aujourd'hui.

Une publication ultérieure paraîtra au sein d'un recueil de récits, intitulé *Youth*, en 1902. Inspiré par *In darkest Africa* de Stanley, le récit de Conrad se rapproche, à bien des égards, de celui de Rudyard Kipling, *L'Homme qui voulut être roi*, paru en 1888.

Dans cette œuvre, Conrad laisse la parole à Marlow, un anglais, qui raconte comment il a été envoyé au Congo dans le but de rejoindre un comptoir britannique au cœur de la jungle.

Ce récit, constitué en trois parties, nous présente un Congo encore inconnu à l'époque où le roman est rédigé. Il apparaît comme un environnement hostile constitué par une nature toute puissante et que l'homme ne maîtrise pas.

Mais, en fait, cette description permet de faire émerger des réflexions plus profondes sur l'Homme et son rapport à l'autre, sur la place de l'homme dans le monde, sur la société en cours de progrès au XIXe siècle qui semble déjà être néfaste et vouée au seul profit économique.

RÉSUMÉ DU ROMAN

Le texte est délimité en trois parties, qui ne portent pas de titre. Afin de mieux nous repérer dans le résumé de cette œuvre, nous avons établi nous-mêmes les titres qui suivent.

I. Voyage vers le Congo

Marlow entreprend le récit de son voyage au Congo. Après avoir parcouru bon nombre d'océans, il est de retour à Londres. Décidé à s'embarquer de nouveau sur un navire, il apprend que Fresleven, un capitaine danois, est décédé dans un comptoir au Congo. Marlow, rêvant d'aller en Afrique depuis qu'il est enfant, souhaite être embauché pour prendre la place du capitaine. Après quelques formalités, et une mise en garde d'un médecin quant au non-retour des personnes qui se rendent là-bas, Marlow embarque sur le navire.

Après plus de trente jours de périple le long des côtes, le bateau arrive enfin à l'embouchure du fleuve qui doit mener Marlow au centre du Congo, là où il est attendu pour remplir sa mission. Arrivé à l'embouchure du « grand fleuve », il débarque et y passe dix jours, pour prendre connaissance de son poste au sein de la Compagnie. Il entend alors parler de Kurtz pour la première fois, un agent de premier ordre en charge d'un comptoir au fin fond du Congo. Le lendemain, Marlow se met en marche au sein d'une caravane de soixante hommes pour rejoindre son poste définitif, deux cents milles plus loin.

Quinze jours plus tard, la caravane arrive au Poste Central. Un bateau à vapeur s'est échoué. Il s'agit d'une véritable épave, qu'il faut réparer afin de pouvoir de nouveau circuler entre les différents comptoirs et faire venir les marchandises (notamment l'ivoire). Marlow se voit confier cette mission, dont il pense qu'il lui faudra trois mois pour la mener à bien.

Il entend de nouveau parler de Kurtz, comme étant un

homme incroyable et qui avait rapidement grimpé dans la hiérarchie de ce commerce colonial. Marlow commence alors à être fasciné par cet homme, qu'il espère rencontrer prochainement.

II. Descente « au cœur des ténèbres »

L'expédition pour rejoindre le Poste de l'Intérieur, où se trouve Kurtz qui est malade et doit être ramené, débute à bord du vieux vapeur. Il s'agit d'un voyage périlleux pour Marlow, qui doit traîner le bateau en mauvais état à travers une nature sauvage, dangereuse et inconnue.

Alors qu'ils se trouvent à huit milles du comptoir de Kurtz, Marlow et l'équipage font une halte. Ils entendent des cris, provenant de la forêt environnante. Tous s'inquiètent de savoir s'ils vont être attaqués ou non par ces « sauvages », inquiétude renforcée par le brouillard épais qui les entoure et qui risque de leur faire faire naufrage à tout moment, tant la visibilité est nulle.

L'attaque survient à un mille et demi du Poste de l'Intérieur. Marlow et la plupart de ses compagnons de voyage s'en tirent malgré une fusillade intensive dans laquelle le timonier trouve la mort. Mais tous imaginent que Kurtz a dû être tué par ces « sauvages ». Marlow est très déçu à l'idée qu'il n'aura jamais l'occasion de parler avec lui. Pourtant, cette rencontre va se concrétiser. Alors qu'ils approchent du comptoir, un jeune homme les accueille et leur apprend que Kurtz les attend. Ce même jeune homme, alors qu'il discute avec Marlow, lui apprend que les « sauvages » les ont attaqués car ils ne souhaitent pas voir partir Kurtz.

III. Rencontre avec Kurtz

Marlow poursuit sa conversation avec le jeune homme qui lui apprend comment il a rencontré Kurtz et quel est l'état de leur relation. Marlow découvre en Kurtz un homme redoutable, animé par la seule quête de l'ivoire. Il est en outre capable des pires cruautés à l'égard des « sauvages », dont il expose notamment les têtes sur des piquets autour de sa maison. Mais, malgré ces découvertes abjectes, Marlow ressent toujours une fascination ainsi qu'une admiration étrange pour ce curieux personnage.

Le lendemain, tous quittent le comptoir à bord du vieux vapeur, de façon à ramener Kurtz, qui est très malade. Alors qu'ils parcourent le fleuve qui leur fait quitter le « cœur des ténèbres », le bateau tombe en panne. Les hommes à bord, ainsi que Marlow, s'efforcent de le réparer, alors que Kurtz agonise toujours plus. Il confie un paquet, contenant des lettres et des photographies, à Marlow, avant de rendre son dernier souffle.

Un an plus tard, après que Marlow a été lui-même malade à cause de ce périple, il se rend chez une jeune femme. Celle-ci était, en fait, la maîtresse de Kurtz. Alors que cette dernière est profondément attristée de la perte de ce dernier, elle ne cesse de vanter les mérites et qualités de cet homme. Marlow acquiesce le plus souvent, réalisant cependant à quel point cette jeune femme plaçait d'idéaux en la personne de Kurtz. Il lui remet le paquet que ce dernier lui a confié avant de mourir, et alors qu'ils s'apprêtent à se séparer, Marlow, ne souhaitant pas blesser la jeune femme en lui révélant combien Kurtz était un homme horrible, lui ment délibérément en lui disant que ses dernières paroles étaient pour elle.

LES RAISONS
DU SUCCÈS

Conrad s'inspire de deux genres littéraires, apparemment opposés, et très en vogue en Angleterre à la fin du XIXe siècle : le *romance* (littérature d'imagination) et le *novel* (littérature réaliste).

L'alliance de ces deux genres est un élément important pour l'analyse et la compréhension de l'œuvre conradienne, notamment parce qu'elle est à l'origine de la définition même du récit de voyage et du récit d'aventure, auxquels l'auteur porte un intérêt tout particulier, et qui jouent sur une opposition entre un goût prononcé pour la rêverie dépaysante et une volonté de représenter la réalité.

On retrouve bien là les caractéristiques essentielles d'*Au cœur des ténèbres* : Conrad emprunte à l'autobiographie, donc à la réalité, ainsi qu'au romanesque. En effet, de nombreux éléments coïncident avec sa propre expérience (il a lui-même effectué un voyage au Congo), mais il les replace dans le cadre d'un récit d'aventures en terre exotique.

LES THÈMES
PRINCIPAUX

Un roman des origines

Tout le récit présente le Congo comme une contrée obscure et sauvage. Le titre de l'ouvrage, tout d'abord, met déjà en scène le caractère sombre du roman. Et cela est confirmé dès la première intervention de Marlow : « Et ceci aussi a été l'un des lieux ténébreux de la terre. » Le noir domine dans tout le roman. Et les descriptions des paysages n'en sont que de plus en plus sombres et obscures. En parallèle de cette dominante sombre, la nature est présentée comme étant sauvage et incontrôlable par l'homme, et en particulier par l'homme blanc qui se trouve plongé dans un monde qu'il ne connaît pas et qu'il ne maîtrise pas.

Le caractère sauvage de cette nature est mentionné à plusieurs reprises dans le roman. On peut penser au soleil impitoyable pour les colons qui n'y sont pas habitués ou encore à l'épisode de l'incendie que des hommes essaient d'éteindre à l'aide de seaux troués. L'homme apparaît donc comme impuissant face aux éléments naturels. Les individus sont donc tenus à distance de la nature africaine, étant considérés comme des intrus. C'est la nature elle-même qui les repousse, comme si cette dernière possédait un caractère humain, qui lui confère une dimension hostile et omnipotente.

De cette omnipotence découle un sentiment d'incompréhension entre la nature et l'homme. Dans ce paysage, rien ne ressemble à ce que l'homme blanc a laissé dans son monde occidental. L'immobilité et le vide sont deux termes souvent utilisés pour décrire ce paysage africain, en totale rupture avec l'occident, et revêtent un caractère inquiétant : l'homme blanc est plongé dans un monde qu'il ne connaît pas et qui lui paraît donc étranger, sauvage et, surtout, incompréhensible.

L'incompréhension apparaît également entre les hommes noirs et les hommes blancs. En effet, la communication entre eux est inexistante et la rupture entre ces deux civilisations parcourt tout le roman.

Le décor décrit comme hostile dans le roman devient le théâtre d'une véritable descente aux Enfers. Dès le début du récit, la mort est omniprésente. En effet, au-delà de la fascination qu'éprouve Marlow pour le Congo et qui le pousse à s'y rendre, c'est bel et bien la mort qui le conduit dans cette contrée obscure. Le capitaine danois Fresleven, en charge d'un comptoir au Congo, est tué par les indigènes : Marlow y va donc pour le remplacer.

Ces prémices sont, en outre, confirmés par l'angoisse inquiétante de Marlow la veille de son départ : « J'eus un moment, je ne dirai pas d'hésitation, mais de stupeur interdite, devant cette affaire banale. » La mort parcourt ensuite tout le roman, qu'il s'agisse de diverses attaques ou bien, à la toute fin de l'œuvre, de la mort de Kurtz.

La remontée du fleuve Congo s'apparente donc à une véritable descente aux Enfers. Marlow le dit lui-même, il a « le sentiment, au lieu d'aller au centre d'un continent, d'être sur le point de partir pour le centre de la terre », expression traduite à partir de « dead in the centre » dans le texte original, où apparaît clairement le thème de la mort et la proximité de cette dernière avec le décor hostile du Congo.

La remontée du fleuve est également synonyme d'un retour aux origines du monde et notamment aux origines d'un monde non-civilisé, sauvage et inquiétant.

Chez Conrad, l'homme, en acceptant d'aller « au cœur des ténèbres », accepte aussi de se confronter à la mort, voire à sa propre mort. Ceci est largement évoqué par le médecin qui examine Marlow avant qu'il ne quitte l'Angleterre : selon lui, personne ne revient jamais du Congo. Cependant, Marlow en reviendra, et très certainement parce qu'il n'aura pas vécu cette expérience comme les autres hommes blancs l'ont appréhendée, à savoir l'exploitation d'un peuple dont le seul but visé est le profit économique. Ce voyage est, pour Marlow, l'occasion d'une découverte de lui-même et d'une prise de conscience sur le monde qui l'entoure.

C'est parce que la remontée du fleuve Congo est un retour aux origines et à la création du monde, qu'une réflexion sur le progrès est mise en place dans le roman. En effet, Conrad écrit à la charnière du XIXe et du XXe siècle, dans une société de progrès économique. Or, dans ce roman, apparaissent les conséquences néfastes d'un tel progrès : seule la recherche du profit compte. Et c'est exactement ce qui est montré par Conrad : l'homme blanc, en prétendant civiliser l'Afrique, ne cherche en fait qu'à exploiter un peuple, dans le seul but de récupérer de l'ivoire afin de le revendre en Occident.

La nature hostile du continent africain serait donc une excuse valable pour vouloir le civiliser, ce qui ferait de Conrad, selon certains critiques, un auteur favorable à la colonisation et à l'exploitation de tout un peuple. Mais la réalité est bien différente ! En effet, si Conrad place son roman au cœur d'un Congo sauvage et inquiétant parce que méconnu de l'homme dit « civilisé », c'est justement pour montrer les méfaits engendrés par cette soi-disant dimension civilisatrice de l'homme blanc.

La civilisation du monde africain par l'homme blanc n'est donc bien qu'un faux prétexte et les méfaits de la colonisation sont clairement revendiqués par l'auteur, à travers le personnage de Marlow, et à plusieurs reprises : « La conquête de la terre, qui signifie principalement la prendre à des hommes d'une autre couleur que nous, ou dont le nez est un peu plus plat, n'est pas une jolie chose quand on la regarde de trop près » ; « j'envahissais vos maisons comme si j'avais reçu du ciel mission de vous civiliser ». Le but économique est par ailleurs clairement avoué dans le roman : « Je crois bien que je m'engageais entre autres à ne point trahir de secrets commerciaux. »

Cette exploitation du peuple noir entraîne, en outre, sa maltraitance. On se rend compte que l'homme noir est traité comme un animal, il est totalement déshumanisé. On réalise alors combien la relation à l'autre est biaisée. Un véritable rapport de soumission-domination s'instaure entre hommes blancs et hommes noirs.

Kurtz est le personnage qui incarne le mieux ce rapport particulier à l'autre. En effet, alors qu'il n'apparaît qu'à la fin du roman, son nom ne cesse de retentir tout au long du récit de Marlow. À travers les différentes descriptions qu'on a de lui, on se rend compte qu'il s'agit d'un homme mauvais, dont le seul but est le profit économique. Pourtant, aussi contradictoire que cela puisse paraître, il est également l'homme que tout le monde vénère et souhaite rencontrer. Il exerce une fascination particulière sur les gens qui le côtoient ou qui entendent parler de lui. Cependant, il ne cesse de représenter, à l'extrême, l'homme blanc qui exploite le peuple africain. Sa seule volonté est d'ailleurs « d'exterminer toutes ces brutes ». Kurtz représente le symbole de réussite coloniale qui échoue, notamment parce qu'il meurt. Si l'on ajoute à cela la mort de Fresleven au début du roman, le texte de Conrad met clairement au jour l'incapacité de l'occident à civiliser l'Afrique. La seule chose qui ressort est une critique aiguë de la colonisation et de l'homme blanc qui pense pouvoir dominer à son aise un peuple qui ne connaît pas, ou trop peu, le progrès technique.

Kurtz incarne une symbolique forte tout au long du roman, et encore plus lorsqu'on comprend qu'il s'agit d'une sorte de double inquiétant de Marlow. En effet, ce dernier n'a qu'une idée en tête : rencontrer Kurtz, lui parler, et même lui ressembler. Il correspond à un idéal qu'il souhaite atteindre, bien qu'il ait absolument conscience du danger que représente cet homme.

Si les deux premières parties du roman laissent entendre cette fascination de Marlow pour Kurtz, il semble que celle-ci soit mise à mal lorsque Marlow rencontre Kurtz et réalise qui il est vraiment. En effet, Marlow arrive à rentrer du Congo, alors qu'il s'agit d'un pays d'où personne ne revient jamais, si l'on se fie au discours du médecin au début du roman.

   Pourquoi Marlow fait-il exception ? Si l'on s'intéresse de plus près à son comportement tout au long de l'histoire, jamais il n'exploite le peuple africain, pas plus qu'il ne le maltraite ou le critique. Il ne recherche pas non plus le pouvoir économique. Si l'on part du principe que la mort, comme nous l'avons vu pour Kurtz ou encore Fresleven, symbolise l'échec et la critique de la colonisation, on peut donc admettre que Marlow est un symbole de réussite de civilisation, mais plus encore un symbole de changement intérieur. Le voyage « au cœur des ténèbres » est synonyme pour Marlow d'un voyage intérieur. Lors de sa visite chez le médecin avant de quitter l'Angleterre, celui-ci lui explique que les changements se font à l'intérieur mais qu'il n'a jamais pu le constater car personne n'était revenu du Congo. Marlow ne meurt pas et un véritable changement s'est opéré en lui : il a découvert qui il était vraiment et qu'il ne ressemblait en rien à Kurtz. Initialement fasciné par le personnage de Kurtz qu'il envie et auquel il souhaite ressembler, Marlow va s'émanciper petit à petit de cette image du « parfait colonisateur » pour affirmer sa propre personnalité.

   Apparaît à plusieurs reprises dans le roman la question du but de ce voyage. Vu comme une énigme par Marlow, il semble donc que celle-ci soit résolue lorsque s'achève le récit : ce voyage révèle la personnalité de Marlow qui prend alors conscience de son rapport aux autres dans une société de progrès où le confort de l'homme ne repose en fait que sur un simple pouvoir économique.

ÉTUDE DU MOUVEMENT LITTÉRAIRE

Pour bien saisir les enjeux d'*Au cœur des ténèbres*, il faut replacer l'œuvre dans son contexte. Au moment où Conrad écrit son texte, le roman d'aventures est en pleine expansion en Angleterre, et un peu partout en Europe.

Bien que l'on trouve, depuis les origines, des œuvres pouvant être assimilées au roman d'aventures (on peut penser à *L'Iliade* et *L'Odyssée* d'Homère dans l'Antiquité, mais aussi aux nombreuses chansons de geste diffusées au Moyen Âge), le genre commence à se développer et à se définir véritablement à partir de 1860.

En effet, à compter de cette période, les romans d'aventures prolifèrent : on peut penser à des auteurs tels que Stevenson, Conan Doyle, Jules Verne, mais aussi Kipling et bien sûr Conrad. Les collections consacrées à ce genre se développent alors largement, profitant, dans le même temps, de l'essor industriel éditorial, ainsi que de la colonisation dans laquelle il va trouver une grande partie de son inspiration.

Peu à peu, le genre se théorise. Il convoque des thèmes qui lui sont propres (voyages en terres exotiques, suprématie de l'homme blanc, colonisation, quête etc.) et séduit un public de plus en plus large, à travers le monde entier.

L'âge d'or du roman d'aventures se poursuit jusqu'en 1920, après quoi il va se scinder en différents sous-genres, tels que le roman policier, le roman de cape et d'épée ou encore le roman d'anticipation, qui deviendront, par la suite, des genres littéraires à part entière, répondant à leurs propres codes et leurs propres règles et développant des thèmes précis.

Concurrencé, au début du XXe siècle, par cet éclatement ainsi que par l'arrivée du cinéma (et notamment l'apparition du western un peu plus tardivement), le roman d'aventures n'est désormais plus considéré comme un genre très en vogue et est perçu, de nos jours, comme un genre littéraire historiquement daté et à l'esthétique nostalgique des temps coloniaux.

DANS LA MÊME COLLECTION
(par ordre alphabétique)

- **Anonyme**, *La Farce de Maître Pathelin*
- **Anouilh**, *Antigone*
- **Aragon**, *Aurélien*
- **Aragon**, *Le Paysan de Paris*
- **Austen**, *Raison et Sentiments*
- **Balzac**, *Illusions perdues*
- **Balzac**, *La Femme de trente ans*
- **Balzac**, *Le Colonel Chabert*
- **Balzac**, *Le Lys dans la vallée*
- **Balzac**, *Le Père Goriot*
- **Barbey d'Aurevilly**, *L'Ensorcelée*
- **Barbey d'Aurevilly**, *Les Diaboliques*
- **Bataille**, *Ma mère*
- **Baudelaire**, *Les Fleurs du Mal*
- **Baudelaire**, *Petits poèmes en prose*
- **Beaumarchais**, *Le Barbier de Séville*
- **Beaumarchais**, *Le Mariage de Figaro*
- **Beauvoir**, *Mémoires d'une jeune fille rangée*
- **Beckett**, *En attendant Godot*
- **Beckett**, *Fin de partie*
- **Brecht**, *La Noce*
- **Brecht**, *La Résistible ascension d'Arturo Ui*
- **Brecht**, *Mère Courage et ses enfants*
- **Breton**, *Nadja*
- **Brontë**, *Jane Eyre*
- **Camus**, *L'Étranger*
- **Carroll**, *Alice au pays des merveilles*
- **Céline**, *Mort à crédit*

- **Céline**, *Voyage au bout de la nuit*
- **Chateaubriand**, *Atala*
- **Chateaubriand**, *René*
- **Chrétien de Troyes**, *Perceval ou le conte du Graal*
- **Chrétien de Troyes**, *Yvain ou le Chevalier au lion*
- **Cocteau**, *La Machine infernale*
- **Cocteau**, *Les Enfants terribles*
- **Colette**, *Le Blé en herbe*
- **Corneille**, *Le Cid*
- **Crébillon fils**, *Les Égarements du cœur et de l'esprit*
- **Defoe**, *Robinson Crusoé*
- **Dickens**, *Oliver Twist*
- **Du Bellay**, *Les Regrets*
- **Dumas**, *Henri III et sa cour*
- **Duras**, *L'Amant*
- **Duras**, *La Pluie d'été*
- **Duras**, *Un barrage contre le Pacifique*
- **Flaubert**, *Bouvard et Pécuchet*
- **Flaubert**, *L'Éducation sentimentale*
- **Flaubert**, *Madame Bovary*
- **Flaubert**, *Salammbô*
- **Gary**, *La Vie devant soi*
- **Giraudoux**, *Électre*
- **Giraudoux**, *La Guerre de Troie n'aura pas lieu*
- **Gogol**, *Le Mariage*
- **Homère**, *L'Odyssée*
- **Hugo**, *Hernani*
- **Hugo**, *Les Misérables*
- **Hugo**, *Notre-Dame de Paris*
- **Huxley**, *Le Meilleur des mondes*
- **Jaccottet**, *À la lumière d'hiver*
- **James**, *Une vie à Londres*
- **Jarry**, *Ubu roi*

- **Kafka**, *La Métamorphose*
- **Kerouac**, *Sur la route*
- **Kessel**, *Le Lion*
- **La Fayette**, *La Princesse de Clèves*
- **Le Clézio**, *Mondo et autres histoires*
- **Levi**, *Si c'est un homme*
- **London**, *Croc-Blanc*
- **London**, *L'Appel de la forêt*
- **Maupassant**, *Boule de suif*
- **Maupassant**, *Le Horla*
- **Maupassant**, *Une vie*
- **Molière**, *Amphitryon*
- **Molière**, *Dom Juan*
- **Molière**, *L'Avare*
- **Molière**, *Le Malade imaginaire*
- **Molière**, *Le Tartuffe*
- **Molière**, *Les Fourberies de Scapin*
- **Musset**, *Les Caprices de Marianne*
- **Musset**, *Lorenzaccio*
- **Musset**, *On ne badine pas avec l'amour*
- **Perec**, *La Disparition*
- **Perec**, *Les Choses*
- **Perrault**, *Contes*
- **Prévert**, *Paroles*
- **Prévost**, *Manon Lescaut*
- **Proust**, *À l'ombre des jeunes filles en fleurs*
- **Proust**, *Albertine disparue*
- **Proust**, *Du côté de chez Swann*
- **Proust**, *Le Côté de Guermantes*
- **Proust**, *Le Temps retrouvé*
- **Proust**, *Sodome et Gomorrhe*
- **Proust**, *Un amour de Swann*
- **Queneau**, *Exercices de style*

- **Quignard**, *Tous les matins du monde*
- **Rabelais**, *Gargantua*
- **Rabelais**, *Pantagruel*
- **Racine**, *Andromaque*
- **Racine**, *Bérénice*
- **Racine**, *Britannicus*
- **Racine**, *Phèdre*
- **Renard**, *Poil de carotte*
- **Rimbaud**, *Une saison en enfer*
- **Sagan**, *Bonjour tristesse*
- **Saint-Exupéry**, *Le Petit Prince*
- **Sarraute**, *Enfance*
- **Sarraute**, *Tropismes*
- **Sartre**, *Huis clos*
- **Sartre**, *La Nausée*
- **Senghor**, *La Belle histoire de Leuk-le-lièvre*
- **Shakespeare**, *Roméo et Juliette*
- **Steinbeck**, *Les Raisins de la colère*
- **Stendhal**, *La Chartreuse de Parme*
- **Stendhal**, *Le Rouge et le Noir*
- **Verlaine**, *Romances sans paroles*
- **Verne**, *Une ville flottante*
- **Verne**, *Voyage au centre de la Terre*
- **Vian**, *J'irai cracher sur vos tombes*
- **Vian**, *L'Arrache-cœur*
- **Vian**, *L'Écume des jours*
- **Voltaire**, *Candide*
- **Voltaire**, *Micromégas*
- **Voltaire**, *Zadig*
- **Zola**, *Au Bonheur des Dames*
- **Zola**, *L'Argent*
- **Zola**, *L'Assommoir*
- **Zola**, *Nana*